trop facile la pâtisserie !

Auteur : Agnès Besson
Illustratrice : Candela Ferrández
Stylisme et photographie : Atelier Chez Elles

Larousse Jeunesse

Bienvenue

à tous les pâtissiers en herbe !

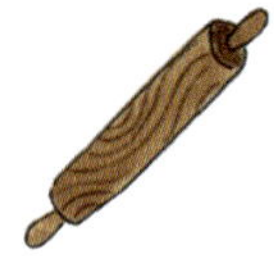

Ce livre de recettes est fait pour tous les petits gourmands et curieux qui ont envie de découvrir le plaisir de préparer une recette avec succès et de la partager avec la famille et les amis.

S'initier à la pâtisserie est une formidable expérience et une occasion de découvertes, d'apprentissages et d'amusement. Avec ce livre et ses recettes simples, savoureuses **et inratables**, même les plus jeunes peuvent cuisiner avec une grande autonomie et en toute sécurité.

Grâce aux pots doseurs intégrés dans le coffret, pas besoin de peser ! Toutes les étapes sont illustrées et les petits cuisiniers sont guidés, pas à pas, dans la réalisation de la recette.

La présentation très claire et encadrée permet aux enfants de se débrouiller presque tout seuls.

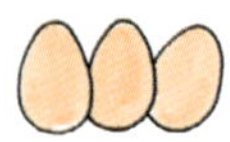

Quel plaisir de casser les œufs, verser le sucre, la farine, mélanger la pâte avec un fouet ou la malaxer avec les mains... Quel délice de sentir les bonnes odeurs, de goûter et partager les gâteaux, mousses, biscuits préparés. Quelle fierté de cuisiner et de pouvoir dire :
« C'est moi qui l'ai fait ! »

Conseils

Tu trouves avec ton livre de cuisine un set de 3 pots doseurs parfait pour doser tous les ingrédients nécessaires aux recettes sans les peser :

Un petit pot de 30 ml : P

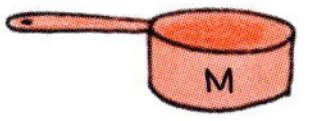

Un moyen pot de 80 ml : M

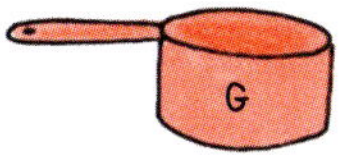

Un grand pot de 125 ml : G

- Avant de commencer une recette, lave-toi bien les mains et enfile un tablier !
- **Tu auras parfois besoin de l'aide d'un adulte, pour ta sécurité** :
  - Pour réunir tous les ustensiles et ingrédients nécessaires à la recette.
  - Pour utiliser un robot.
  - Pour couper un aliment sur une planche à découper.
  - Pour cuire tes recettes au four et au four à micro-ondes.

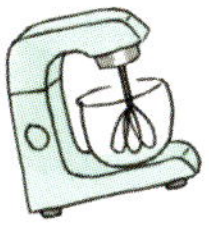

Le principe des recettes « pas-à-pas »

En début de recette :

- **Les ingrédients** sont présentés avec, pour chacun, à la fois la quantité et la correspondance en pots doseurs.

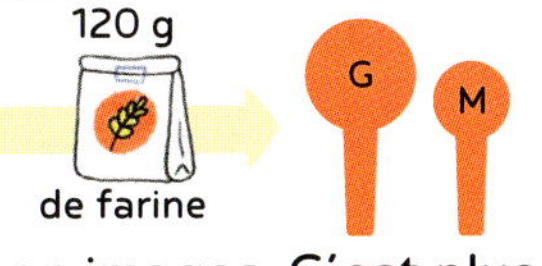

- **Les ustensiles** utiles à la recette sont mis en images. C'est plus simple pour avoir tout sous la main.

- Pour chaque recette, **une belle photo** montre le résultat obtenu.

À chaque étape :

L'ingrédient à doser est représenté sur l'étagère.

Les pots nécessaires sont illustrés en dessous.

Les gestes à effectuer sont illustrés.

Une consigne très simple indique ce qu'il faut faire.

D'un seul coup d'œil, les enfants voient comment ils doivent procéder.

Précision :

Le beurre à intégrer dans la recette est représenté sous forme d'une plaquette de 250 g divisée en 10 tranches de 25 g (comme indiqué sur les emballages du commerce).
Le couteau montre le nombre de tranches à prélever :
2 (50 g) ou… 5 (125 g) ou… 8 (200 g)… selon la recette.

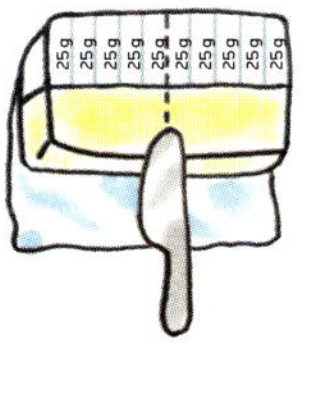

Sommaire

Difficulté : ★

Temps de préparation : **20 min**

Temps de cuisson : **35 min**

Four à préchauffer :

180 °C

Croustillant aux fruits rouges

Ingrédients :

120 g

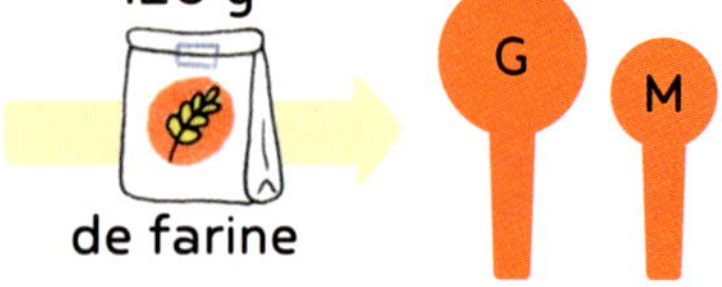

de farine

30 g

de poudre d'amandes

50 g

de sucre blanc

50 g

de sucre roux

15 g

Cacao en poudre

125 g = 5 tranches

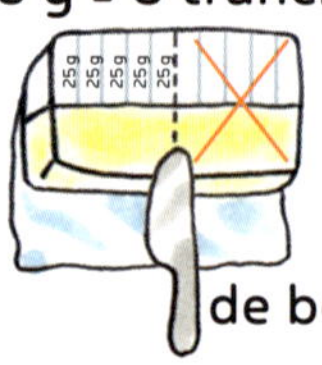

de beurre

Une noisette

de beurre pour le plat à four

450 g

de fruits rouges frais ou surgelés

Ustensiles :

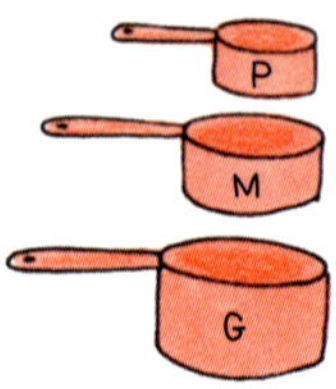

Le set de dosage

Un saladier

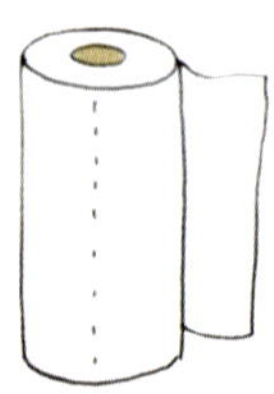

Un rouleau d'essuie-tout toujours utile

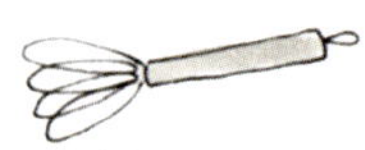

Un fouet

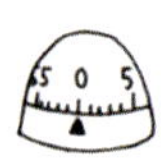

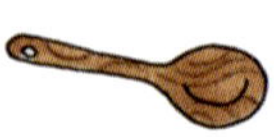

Une cuillère en bois

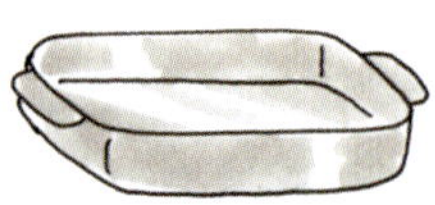

Un plat à four

Un couteau

Verse **1 grand pot** et **1 moyen pot**
de farine dans un saladier.

Verse **2 petits pots** de sucre blanc,
2 petits pots de sucre roux
et **2 petits pots** de poudre d'amandes
sur la farine. Mélange bien.

Coupe **les 5 tranches** de beurre mou
en petits cubes et ajoute-les
au mélange contenu dans le saladier.

Malaxe la pâte entre les doigts
pour incorporer le beurre. Le mélange
est un peu sableux.

5

Ajoute **1 petit pot** de cacao
et mélange bien.

6

Beurre le plat à four et verse les fruits
rouges en les répartissant bien.

7

Verse la pâte à crumble
par-dessus les fruits.

8

Mets le plat au four
et laisse cuire 35 minutes.

9
DING
Quand le four sonne, sors le plat
avec des gants de cuisine.

10
Laisse refroidir un peu et sers tiède.

Le croustillant aux fruits rouges est délicieux
servi avec une boule de glace à la vanille.

Difficulté : ★★★

Temps de préparation : ***30 min***

Mousse au chocolat à la vanille

Ingrédients :

200 g

de chocolat noir pâtissier = 1 tablette

6 œufs

dont on utilise :
3 jaunes d'œufs
6 blancs d'œufs

3 sachets

de sucre vanillé

1 gousse

de vanille

8 cl

de crème fraîche liquide

Une pincée

de sel

Ustensiles :

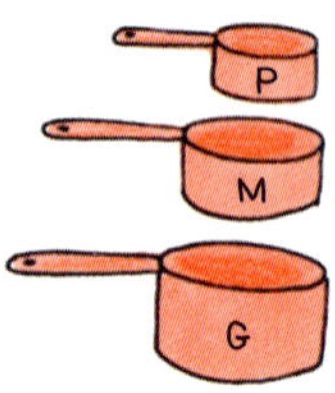

Le set de dosage

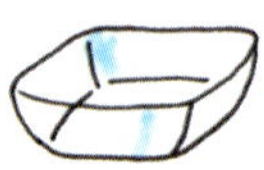

Un récipient pour four à micro-ondes

Un saladier

Une spatule

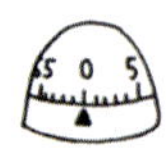

Un minuteur

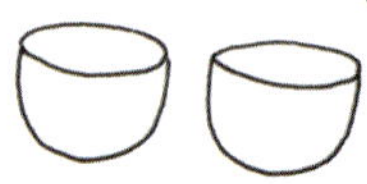

Deux bols

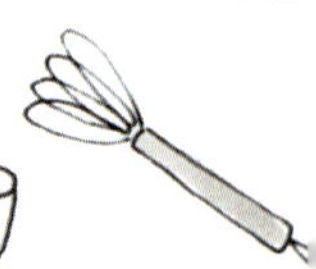

Un fouet

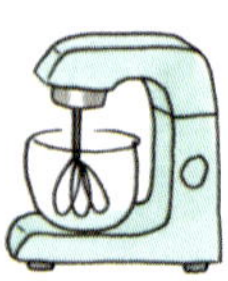

Un robot

Un couteau

Une planche à découper

Six verrines

Une cuillère à soupe

1

Casse le chocolat en morceaux dans
un récipient adapté au four à micro-ondes.

2

Verse **1 moyen pot** de crème
sur le chocolat puis fais fondre
au four à micro-ondes à basse puissance
plusieurs fois pendant 30 secondes.

3

Transfère le mélange dans un saladier.

4

Aplatis la gousse de vanille
avec un couteau, coupe-la en deux
et récupère les graines.

5

Ajoute les graines de vanille dans le mélange crème-chocolat et mélange bien.

6

Sépare les blancs et les jaunes de 3 œufs.

7

Verse les 3 jaunes d'œufs dans la préparation et fouette le mélange.

8

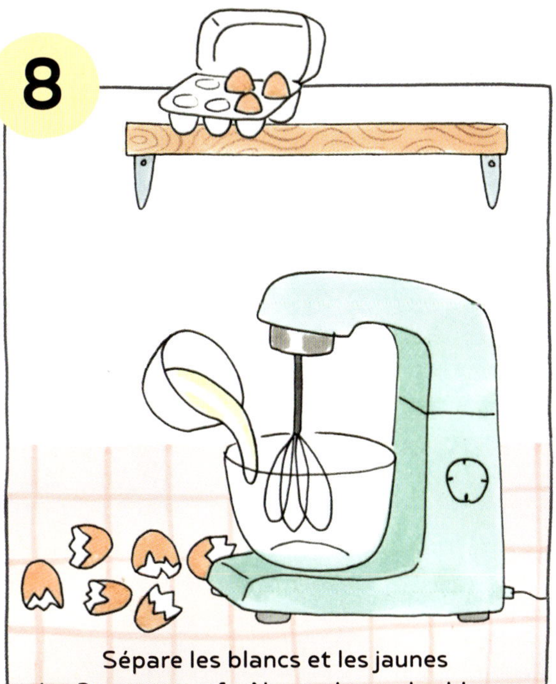

Sépare les blancs et les jaunes des 3 autres œufs. Ne garde que les blancs et ajoute les blancs des 3 premiers œufs dans le bol du robot.

9

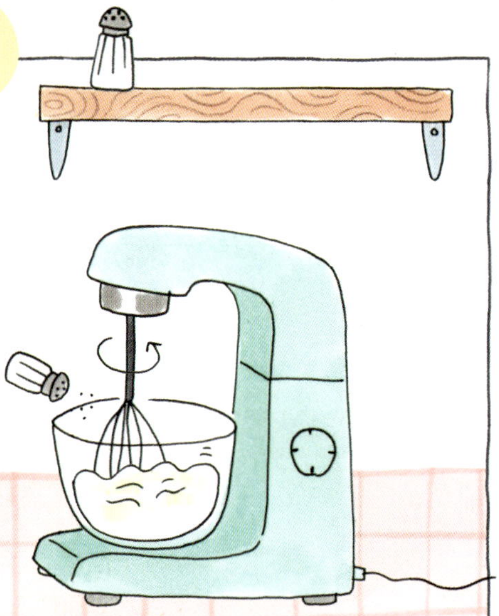

Ajoute une pincée de sel aux 6 blancs d'œufs et commence à les monter en neige.

10

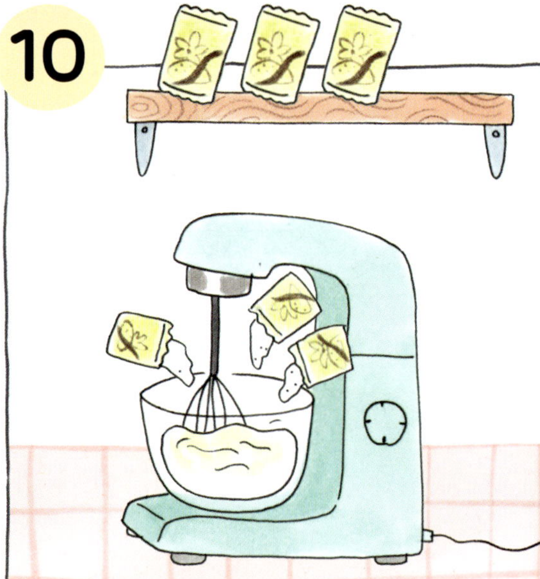

Verse les **3 sachets** de sucre vanillé sur les blancs en neige à mi-parcours et continue de monter les blancs jusqu'à ce qu'ils soient très fermes.

11

Incorpore délicatement les blancs en neige dans la crème au chocolat : le mélange doit être bien mousseux.

12

Répartis la mousse dans les verrines. Garde au frais 3 heures.

Difficulté : ★

Temps de préparation : **20 min**
Temps de cuisson : **45 min**
Four à préchauffer : **180 °C**

Quatre-quarts abricoté

Ingrédients :

4 œufs

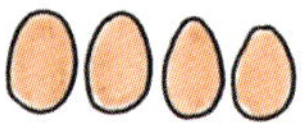

200 g

de farine

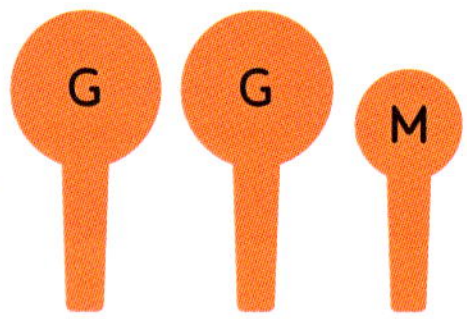

200 g

de sucre

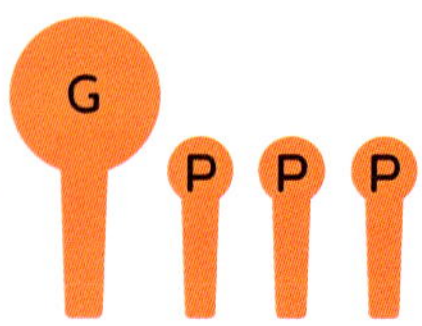

200 g = 8 tranches

de beurre

1 noisette

de beurre

1 sachet

de levure

8 abricots

Ustensiles :

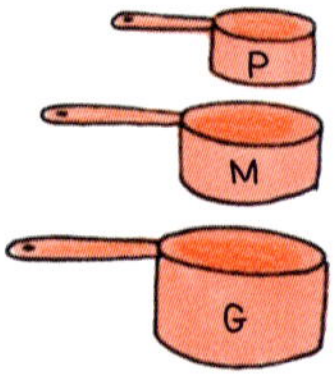

Le set de dosage

Un saladier

Un minuteur

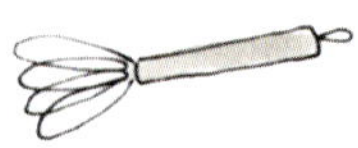

Un fouet

Un récipient pour four à micro-ondes

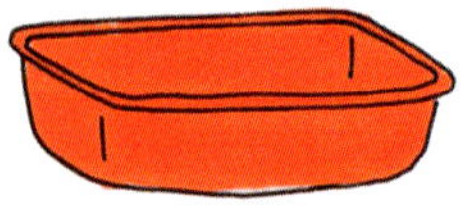

Un grand moule à cake

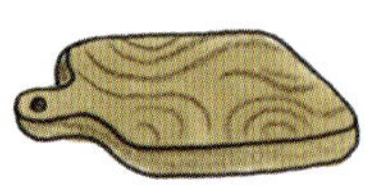

Une planche à découper

Un couteau

1

Casse les 4 œufs dans un saladier.

2

Ajoute **1 grand pot**
et **3 petits pots** de sucre et fouette
jusqu'à obtenir un mélange mousseux.

3

Coupe les 8 tranches de beurre en morceaux,
puis fais fondre au four à micro-ondes
à basse puissance plusieurs fois
pendant 30 secondes.

4

Verse le beurre fondu dans le saladier
et mélange.

5

Ajoute **2 grands pots et 1 moyen pot** de farine et mélange la pâte avec le fouet.

6

Verse le sachet de levure et mélange bien pour obtenir une pâte lisse.

7

Lave les 8 abricots, coupe-les en deux pour retirer le noyau puis coupe-les en gros dés.

8

Ajoute les dés d'abricots à la pâte et mélange bien.

Beurre généreusement un moule à cake
et verse la pâte dans le moule.

Mets au four pendant 45 minutes.

Quand le four sonne, sors le quatre-quarts
avec des gants de cuisine.

Laisse refroidir.

Démoule et régale-toi

en ajoutant la confiture de ton choix !

Difficulté : ★

Temps de préparation : **20 min**
Temps de cuisson : **35 min**
Four à préchauffer :
180 °C

Gâteau tête en bas aux ananas

Ingrédients :

1 yaourt nature

250 g

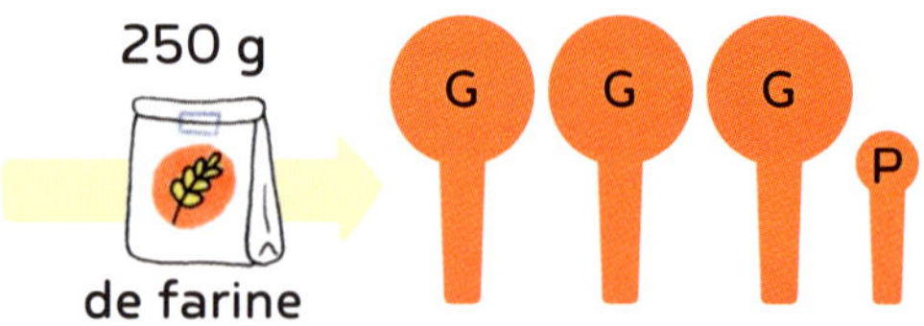

de farine

100 g

de sucre

6 cl

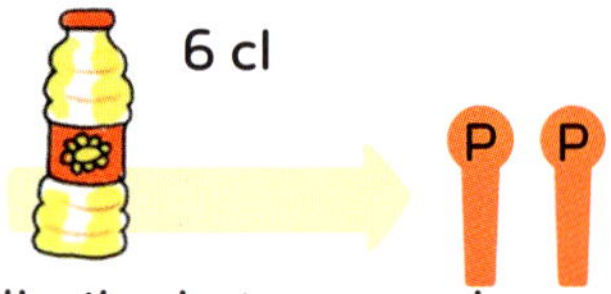

d'huile de tournesol

3 œufs

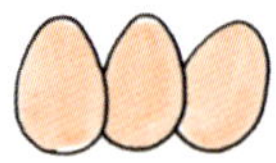

1 sachet

de levure

1 boîte d'ananas

en tranches

25 g

de sucre roux

1 noisette

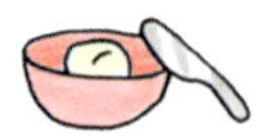

de beurre

Ustensiles :

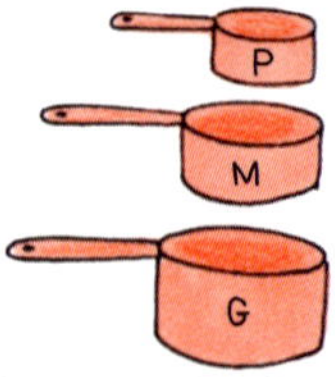

Le set de dosage

Un moule à gâteau

Un saladier

Un minuteur

Une cuillère
à café

Une spatule

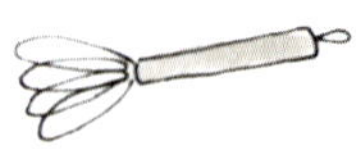

Un fouet

1

Beurre généreusement
un moule à gâteau rond.

2

Ouvre la boîte d'ananas et dépose
les tranches dans le fond du moule.

3

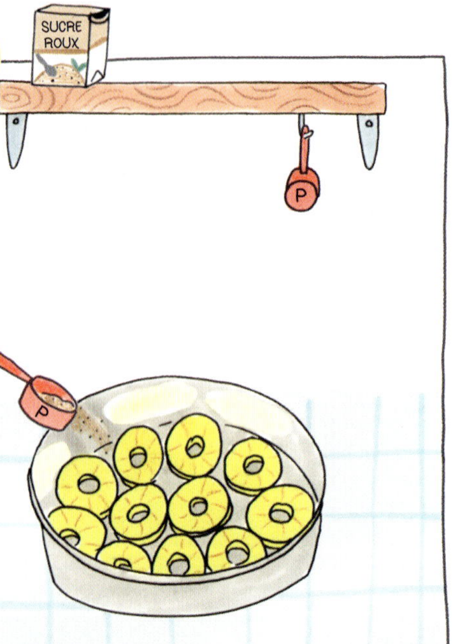

Saupoudre-les avec **1 petit pot**
de sucre roux pour que le gâteau caramélise
à la cuisson.

4

Verse un yaourt nature dans un saladier.

5

Ajoute **1 moyen pot** et **1 petit pot** de sucre blanc et mélange bien.

6

Verse **3 grands pots** et **1 petit pot** de farine et mélange bien.

7

Verse **2 petits pots** d'huile et mélange bien.

8

Ajoute le sachet de levure et mélange de nouveau.

9

Casse les 3 œufs dans la préparation
et fouette la pâte.

10

Verse la pâte bien lisse sur les ananas.

11

Place le moule au four 35 minutes.

12

Quand le four sonne, sors le gâteau avec
des gants de cuisine et laisse-le refroidir.

Démoule le gâteau en le retournant sur une belle assiette.

Difficulté : ★★★

Temps de préparation : ***30 min***

Tiramisu aux fraises et aux speculoos

Ingrédients :

3 œufs

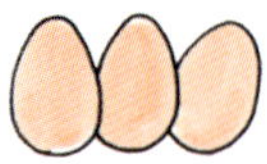

16 speculoos

85 g

de sucre

250 g

de fraises

200 g

de mascarpone

1 pincée de sel

Ustensiles :

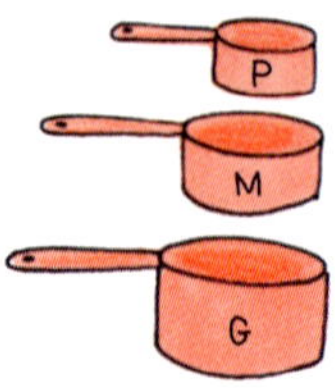

Le set de dosage

Un couteau

Une planche à découper

Un fouet

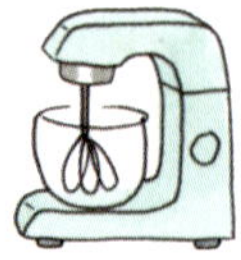

Un robot

Un minuteur

Deux bols

Deux saladiers

Six coupes

Une cuillère en bois

Une cuillère à soupe

Un rouleau à pâtisserie

1

Lave les fraises, enlève les queues
et coupe-les en morceaux.

2

Mets les fraises dans **un saladier**,
ajoute **1 petit pot** de sucre
et mélange bien.

3

Sépare les blancs et les jaunes d'œufs
dans 2 récipients différents : **un bol**
pour les blancs, **un saladier** pour les jaunes.

4

Verse **2 petits pots** de sucre
sur les jaunes d'œufs et fouette
pour obtenir un mélange mousseux.

5

Ajoute **1 grand pot** et **1 moyen pot** de mascarpone à la préparation œuf-sucre et mélange bien.

6

Ajoute une pincée de sel aux blancs et monte-les en neige avec le robot.

7

Incorpore délicatement les blancs en neige à la préparation.

8

Sur une planche, écrase les speculoos avec un rouleau à pâtisserie puis verse les miettes dans un bol.

9

Prends 6 coupes à dessert individuelles et dépose au fond de chacune une couche de fraises sucrées.

10

Ajoute une couche de la préparation au mascarpone par-dessus les fraises.

11

Saupoudre les miettes de speculoos sur les coupes.

12

Garde les coupes au frais pendant 2 heures.

Sors les coupes et savoure ton dessert !

Difficulté : ★

Temps de préparation : **25 min**
Temps de cuisson : **10 min**
Four à préchauffer :

180 °C

Cookies aux pépites de 3 chocolats et noix de pécan

Ingrédients : (pour une vingtaine de cookies)

1 œuf

150 g

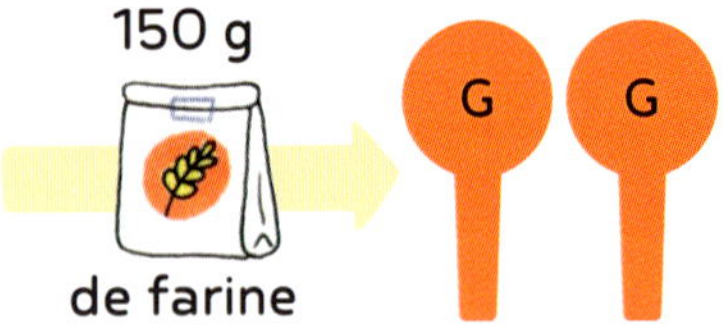

de farine

75 g = 3 tranches

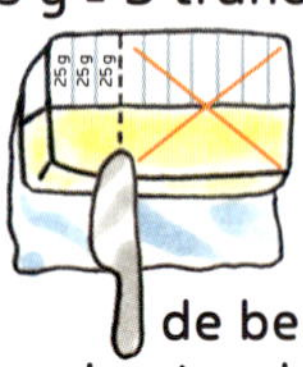

de beurre demi-sel

75 g

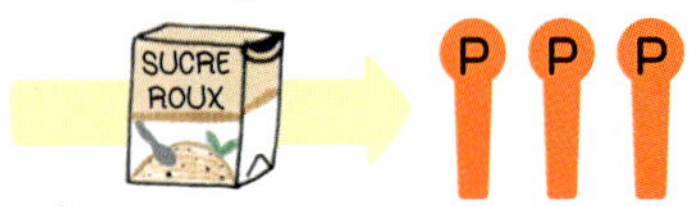

de sucre roux

1 sachet

de 100 g de chunks trois chocolats

1 sachet

de 75 g de noix de pécan concassées

½ sachet

de levure (une cuillère à café)

Ustensiles :

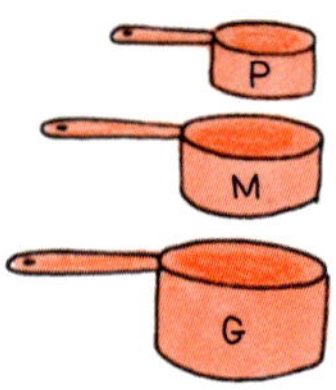

Le set de dosage

Un saladier

Un minuteur

Un couteau

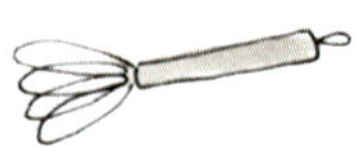

Un fouet

Un récipient pour four à micro-ondes

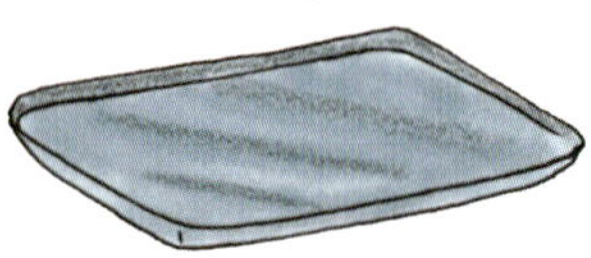

La plaque de cuisson du four

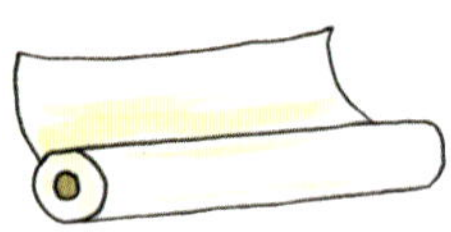

Du papier sulfurisé

Une cuillère en bois

1

Casse l'œuf dans un saladier.
Verse **2 grands pots** de farine
et mélange bien.

2

Verse **3 petits pots** de sucre roux
dans le saladier et mélange avec un fouet.

3

Fais fondre les 3 tranches de beurre coupées
en dés au four à micro-ondes
à basse puissance plusieurs fois
pendant 30 secondes.

4

Verse le beurre fondu dans le saladier
et mélange bien.

5

Ajoute **une cuillère à café** rase de levure et mélange pour obtenir une boule de pâte bien lisse.

6

Ajoute à la pâte les cerneaux de noix de pécan concassés puis les chunks de chocolat et mélange bien.

7

Couvre la plaque du four d'une feuille de papier sulfurisé. Fais une vingtaine de petits tas de pâte avec la cuillère ou avec les mains. Les tas ne doivent pas se toucher.

8

Mets au four 8 à 10 minutes : les bords des cookies doivent être dorés.

9
DING
Quand le four sonne, sors la plaque du four
avec des gants de cuisine.

10
Laisse refroidir avant de savourer !

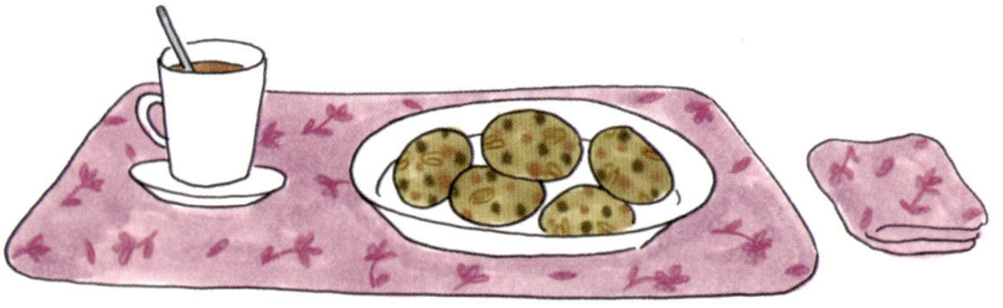

Une variante colorée !

Pour des cookies tout en couleurs,
saupoudre les cookies de vermicelles arc-en-ciel
avant de les cuire au four.

Difficulté : ★★

Temps de préparation : 40 min
Temps de cuisson : 40 min
Four à préchauffer :
175 °C

Tarte amandine aux poires

Ingrédients :

2 œufs

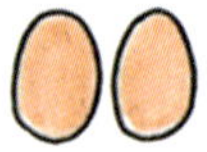

100 g

de poudre d'amandes

100 g

de sucre

100 g = 4 tranches

de beurre

1 pâte sablée

5 poires

Variante 1
25 g d'amandes effilées :

et 25 g de pépites de chocolat :

Variante 2
1 petit pot de crème fraîche

1 bombe de crème Chantilly

Ustensiles :

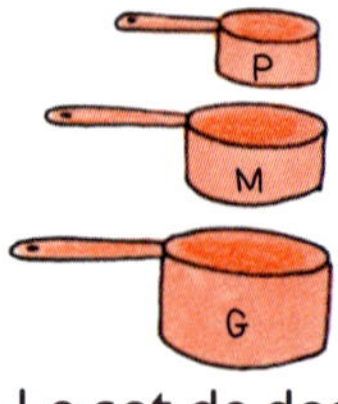

Le set de dosage

Un moule à tarte

Un minuteur

Une fourchette

Un saladier

Une spatule

Un fouet

Un récipient pour four à micro-ondes

Un épluche-légumes

Un couteau

Une planche à découper

1

Étale la pâte sablée dans le fond d'un moule à tarte et pique le fond de pâte avec une fourchette.

2

Casse les 2 œufs dans un saladier.

3

Verse **1 petit pot** et **1 moyen pot** de sucre blanc sur les œufs et fouette bien.

4

Fais fondre les 4 tranches de beurre coupées en dés au four à micro-ondes à basse puissance plusieurs fois pendant 30 secondes.

5

Verse le beurre fondu dans le saladier et mélange bien.

6

Ajoute **1 grand pot et 1 moyen pot** de poudre d'amandes et mélange avec le fouet.

7

Épluche les 5 poires, coupe-les en deux sur une planche à découper et enlève les pépins.

8

Dispose les demi-poires en rond sur la pâte sablée.

9

Verse la crème d'amandes sur les poires.

10

Mets le plat au four pendant 40 minutes.

11

Quand le four sonne, sors la tarte avec des gants de cuisine.
Laisse un peu refroidir et déguste !

Des variantes pour les gourmands !

Variante 1
Avant la cuisson (étape 10),
saupoudre la tarte d'**1 petit pot**
d'amandes effilées
et d'**1 petit pot**
de pépites de chocolat.

Variante 2
Savoure la tarte avec
une cuillère de crème
fraîche ou une noisette
de chantilly.

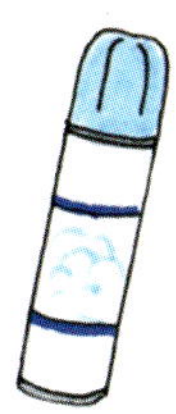

Difficulté : ★★★

Temps de préparation : 25 min

Mousse de fromage blanc aux pommes

Ingrédients :

2 grosses pommes

1 cuillère à soupe

de sucre roux

250 g

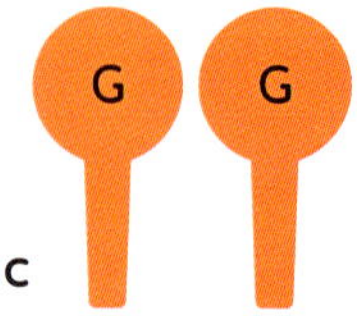

de fromage blanc

2 blancs d'œufs

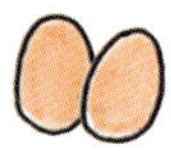

1 sachet

de sucre vanillé

1 pincée de sel

4 palets bretons

Ustensiles :

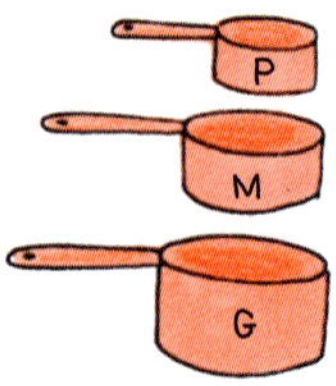

Le set de dosage

Un couteau

Un récipient pour four à micro-ondes

Une planche à découper

Un minuteur

4 verrines

Deux saladiers

Un bol

Un robot

Un fouet

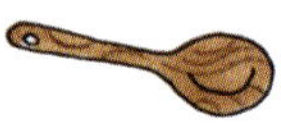

Une cuillère en bois

Une cuillère à soupe

1

Lave les pommes, épluche-les
et coupe-les en gros dés.

2

Mets-les dans un plat pour micro-ondes,
saupoudre **d'une cuillère à soupe** de sucre rou

3

Fais cuire 6 minutes au micro-ondes
à puissance maximum,
en remuant à mi-temps.

4

Sors le plat du four
avec des gants de cuisine.

5

Verse 2 **grands pots** de fromage blanc dans un saladier.

6

Casse 2 œufs en séparant les blancs des jaunes et ne garde que les blancs.

7

Ajoute une pincée de sel et un sachet de sucre vanillé aux blancs d'œufs puis monte-les en neige.

8

Incorpore les blancs en neige délicatement au fromage blanc.

9

Prends 4 verrines et répartis les pommes cuites à l'intérieur.

10

Verse la mousse au fromage blanc sur les pommes.

11

Émiette 4 palets bretons et saupoudre chaque verrine.

12

Garde les verrines au frais pendant 1 heure.

Sors tes mousses du réfrigérateur

et sers-les sur un beau plateau !

Difficulté : ★★

Temps de préparation : ***15 min***

Temps de cuisson : ***12 min***

Four à préchauffer : ***200 °C***

Cœurs coulants au chocolat

Ingrédients :

100 g = 4 tranches

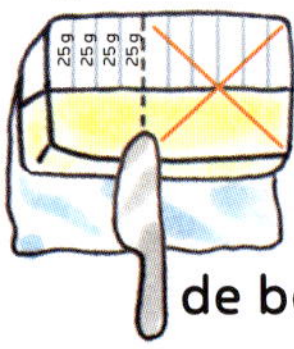

de beurre

6 carrés

de chocolat au lait

45 g

de farine

6 noisettes pour les moules

3 œufs

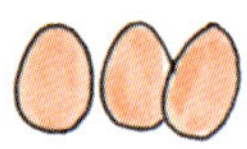

Sucre glace

100 g

de chocolat noir pâtissier = ½ tablette

75 g

de sucre

Ustensiles :

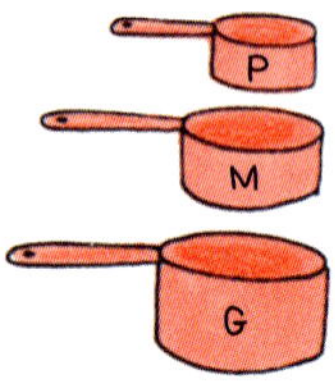

Le set de dosage

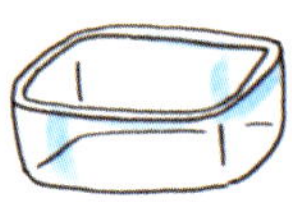

Un récipient pour four à micro-ondes

Un saladier

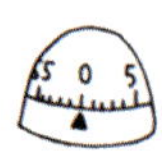

Un minuteur

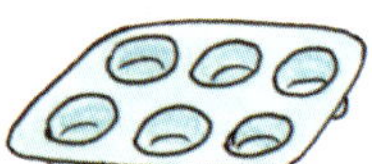

Un moule en silicone à 6 muffins moyens

Une cuillère à soupe

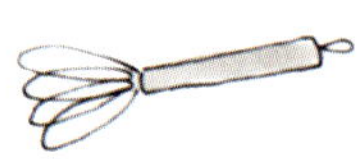

Un fouet

1

Casse le chocolat noir en morceaux dans un récipient adapté au four à micro-ondes.

2

Coupe les 4 tranches de beurre en morceaux et ajoute-les au chocolat.

3

Fais fondre le beurre et le chocolat au four à micro-ondes à basse puissance plusieurs fois pendant 30 secondes.

4

Casse les 3 œufs dans un saladier et bats-les au fouet.

5

Verse **1 moyen pot** de sucre
sur les œufs et mélange avec le fouet.

6

Ajoute le mélange chocolat et beurre fondu
dans le saladier. Mélange bien.

7

Ajoute peu à peu **2 petits pots**
de farine et mélange pour obtenir
une pâte bien lisse.

8

Beurre les moules à muffins.

9

Verse la pâte dans les moules jusqu'à la moitié puis pose un carré de chocolat au lait au centre

10

Finis de remplir les moules avec la pâte.

11

Mets au four 12 minutes.

12

Sors les gâteaux du four avec des gants de cuisine et laisse-les un peu refroidir.

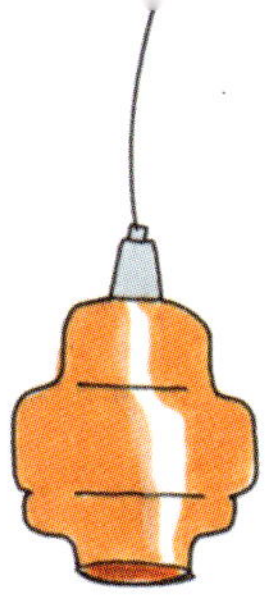

Démoule-les sur un plat
et saupoudre-les de sucre glace.

Difficulté : ★★

Temps de préparation : **20 min**
Temps de repos pour la pâte : **30 min**
Temps de cuisson : **15 min**
Four à préchauffer :

160 °C

Petits sablés à la vanille et aux noisettes

Ingrédients :

250 g

de farine

30 ml

de lait

125 g = 5 tranches

de beurre mou

100 g

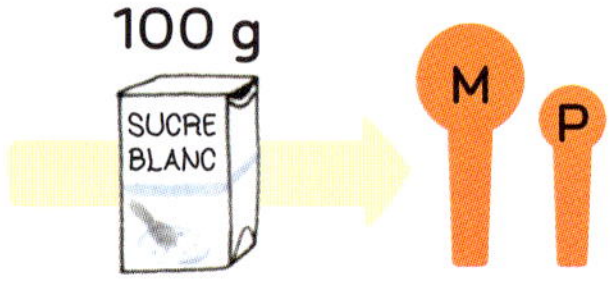

de sucre

1 sachet

de sucre vanillé

1 gousse de vanille

1 œuf

50 g

de noisettes en poudre

1 pincée

de levure

1 pincée de sel

Pour décorer : des crayons pâtissiers

Ustensiles :

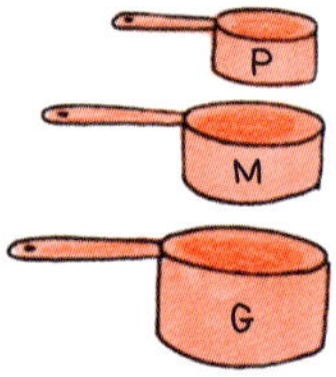

Le set de dosage

Un saladier

Du film alimentaire

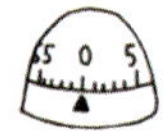

Un minuteur

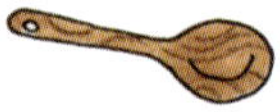

Une cuillère en bois

Un couteau

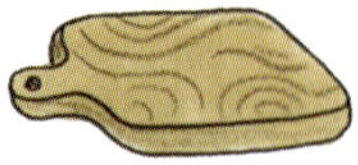

Une planche à découper

Des emporte-pièces

Un rouleau à pâtisserie

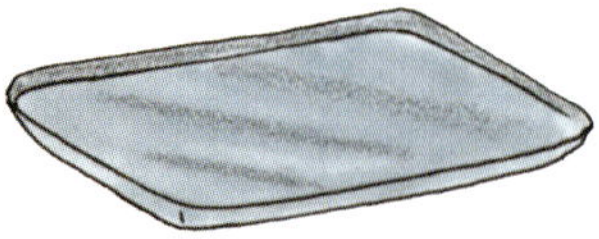

La plaque du four

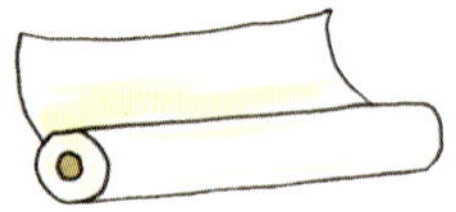

Du papier sulfurisé

1

Coupe les 5 tranches de beurre mou en petits cubes et mets-les dans un saladier avec une pincée de sel.

2

Ajoute **1 moyen pot** et **1 petit pot** de sucre blanc et le sachet de sucre vanillé. Mélange bien.

3

Casse l'œuf dans le saladier et mélange-le à la pâte.

4

Aplatis la gousse de vanille avec le plat d'un couteau, coupe-la en deux et gratte les graines.

5

Ajoute les graines à la préparation et mélange bien.

6

Ajoute **3 petits pots** de noisettes en poudre et mélange bien.

7

Ajoute **3 grands pots** et **1 petit pot** de farine et la pincée de levure. Mélange bien la pâte avec les mains pour obtenir une pâte souple.

8

Ajoute **1 petit pot** de lait pour bien rassembler la pâte.

9

Forme une boule de pâte, enveloppe-la dans un film alimentaire.

10

Place la boule au frais dans le réfrigérateur pendant 30 minutes.

11

Prépare la plaque du four en la couvrant de papier sulfurisé.

12

Sors la boule de pâte du réfrigérateur et étale-la au rouleau sur une surface bien farinée sur une épaisseur de 5 mm environ.

13

Avec des emporte-pièces, découpe les formes dans la pâte et dispose-les sur le papier sulfurisé.

14

Mets la plaque au four pendant 15 minutes.

15

Quand le four sonne, sors la plaque avec des gants de cuisine.
Laisse les sablés refroidir.

Décore-les avec des crayons pâtissiers blancs, chocolat, rose pailleté, une fois refroidis.
Tu peux aussi les napper de chocolat noir.

Difficulté : ★

Temps de préparation : ***15 min***

Temps de cuisson : ***40 min***

Four à préchauffer : ***180 °C***

Clafoutis aux mirabelles

Ingrédients :

450 g

de mirabelles surgelées

3 œufs

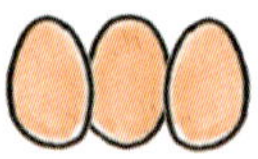

75 g

de farine

75 g

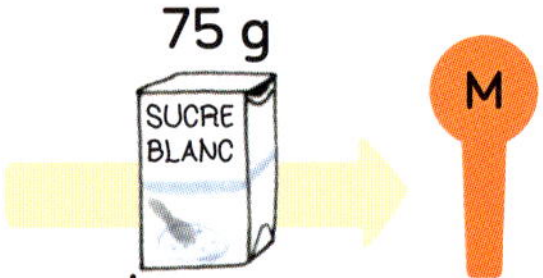

de sucre

28 cl

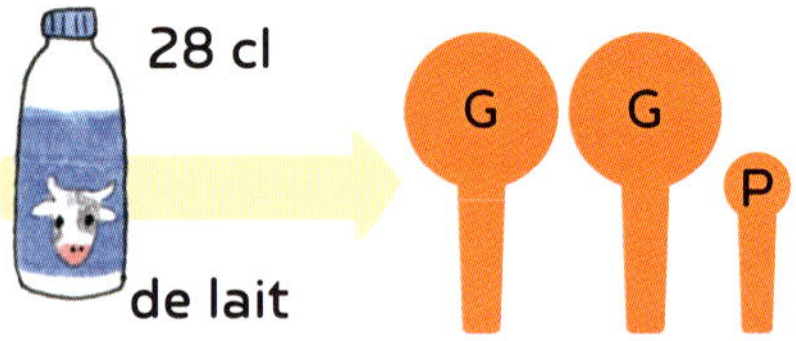

de lait

50 g = 2 tranches

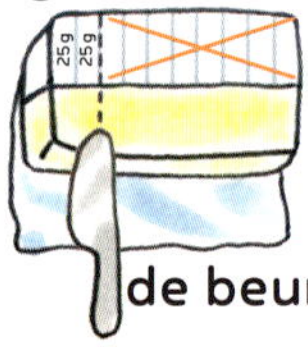

de beurre

1 noisette

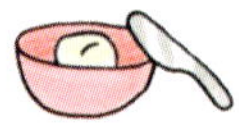

de beurre pour le plat à gratin

Amandes effilées

Variante
10 abricots

Ustensiles :

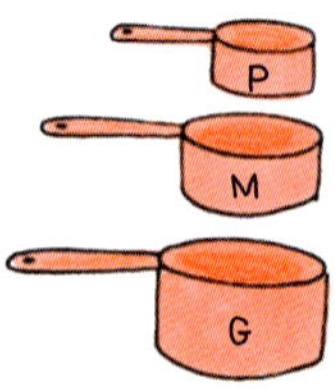

Le set de dosage

Un plat à gratin

Un saladier

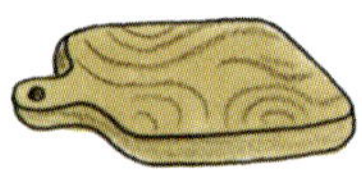

Une planche à découper

Un couteau

Un récipient pour four à micro-ondes

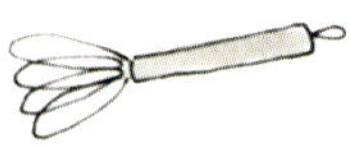

Un fouet

Une spatule

Un minuteur

1

Beurre un plat à gratin
et dispose les mirabelles
dans le fond du plat.

2

Casse les 3 œufs dans un saladier
et bats-les avec un fouet.

3

Ajoute **1 moyen pot** de sucre
et mélange bien.

4

Fais fondre les 2 tranches de beurre coupées
en dés au four à micro-ondes
à basse puissance plusieurs fois
pendant 30 secondes.

5

Verse le beurre fondu sur la préparation
et mélange bien.

6

Ajoute **1 grand pot** de farine
et mélange bien.

7

Verse **2 grands pots** et **1 petit pot** de lait
dans la pâte et mélange bien.

8

Verse la pâte sur les mirabelles
puis parsème d'amandes effilées.

9

Mets au four pendant 40 minutes.

10

Sors le plat avec des gants de cuisine.
Laisse refroidir.

Variante

On peut remplacer les mirabelles par des abricots frais.

Lave 10 abricots, coupe-les en deux, retire les noyaux puis dispose-les au fond du plat. Ensuite, prépare la même pâte que pour les mirabelles.

Direction de la publication : Sophie Chanourdie
Édition : Marie-Claude Avignon et Anne Létoré
Responsable artistique : Mélissa Chalot
Mise en pages : Elfried Werner
Photographie de couverture (coffret et livre) : Atelier Chez Elles
Illustrations de couverture (coffret et livre) : Candela Ferrández
Fabrication : Émilie Peyrou

Merci à Arthur

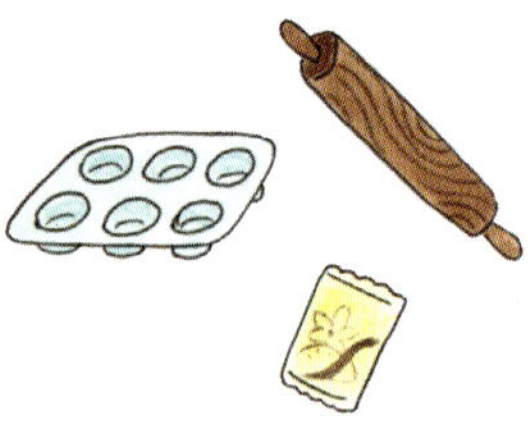

21, rue du Montparnasse
75006 Paris

ISBN : 978-2-03-607221-3
Imprimé en RPC
Dépôt légal : septembre 2018
337287-01 /11056292 - octobre 2024

Conforme à la loi n° 49-956 du 16 juillet 1949 sur les publications destinées à la jeunesse.